Dieses Buch kann alleine lesen:

____

Die besten Fußball-Silben-Geschichten

CARLSEN

Silbe für Silbe zum Lese-Erfolg

Liebe Eltern,

Leseanfänger lesen langsam. Sie müssen jedes Wort Buchstabe für Buchstabe, Silbe für Silbe erlesen. Alle Wörter der Geschichten in diesem Band sind in farbigen Silben markiert. Diese kurzen Buchstabengruppen können Leseanfänger schneller erfassen als das ganze Wort.

Bei den markierten Silben handelt es sich um Sprechsilben. Das heißt, die Wörter sind so in Silben aufgeteilt, wie sie gesprochen werden. Die Sprechsilben entsprechen fast immer auch der möglichen Worttrennung, also den Schreibsilben.

Nur bei der Trennung einzelner Vokale gibt es einen Unterschied: Nach den aktuellen Rechtschreibregeln werden einzelne Vokale am Wortanfang oder -ende nicht abgetrennt. Beim Sprechen unterteilen wir solche Wörter jedoch in mehrere Silben, daher sind sie in diesem Band ebenfalls mit unterschiedlichen Farben markiert: Oma, Radio.

Ihnen und Ihrem Kind viel Spaß beim Lesen!

Inhalt

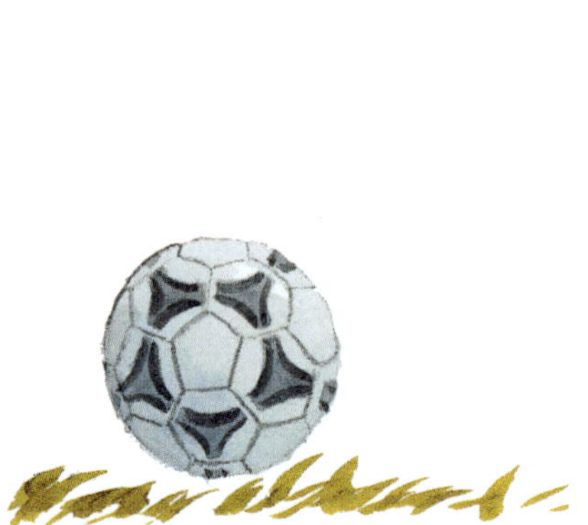

Ein Tor für David

Eine Geschichte von Imke Rudel
mit Bildern von Jan Birck

Ein toller Tag

Heute ist ein toller Tag für David:
Er darf endlich in den Fußballverein.
Darauf freut er sich schon lange.
Zum Geburtstag hat David ein Paar
Fußballschuhe geschenkt bekommen.
Sie sind schwarz und weiß
und megastark.
Natürlich hat er sie gleich ausprobiert.

Zusammen mit seinem Freund Michi
hat er gegen seinen großen Bruder
Marc gespielt.
Marc ist schon lange im Fußballverein
und spielt super.
Das will David auch.
Marc bringt David zum ersten Training.
Michi ist auch dabei.

Das Training beginnt mit dem Aufwärmen.
„Die Muskeln müssen warm werden“,
sagt der Trainer.
Er heißt Sebastian und ist sehr nett.
Sebastian macht die Übungen vor.
Dann öffnet er ein Netz mit vielen Bällen.
David und Michi sollen sich einen Ball
zuspielen.
Erst mit dem Fuß.
Dann mit dem Kopf.

Danach üben sie, mit dem Ball
vor den Füßen zu laufen.
Das nennt man dribbeln.
Am Ende der Stunde gibt es ein kurzes
Fußballspiel.
David und Michi sind total begeistert.
Leider ist nur zweimal in der Woche
Training.

Aber David und Michi spielen sowieso
jeden Tag zusammen.
Manchmal machen sie auf dem Spielplatz
ein richtiges Training.
Sie spielen sich den Ball im Laufen
gegenseitig zu.
Das heißt passen.

Oder sie üben, den Ball mit dem Spann
zu spielen.
Der Spann ist die Oberseite des Fußes.
Und dribbeln trainieren sie auch immer.
Seitdem sie im Verein spielen,
sind David und Michi viel besser
geworden.

Leserätsel

Was stimmt? Kreuze an.

Davids Fußballschuhe sind:

- V schwarz und weiß
- X riesengroß
- Z uralt

Das Laufen mit dem Ball heißt:

- A drabbeln
- E dribbeln
- U krabbeln

Wie heißt Davids Freund?

- T Marc
- R Michi
- O Sebastian

Das Training beginnt mit dem Aufwärmen.
Was muss warm werden?

EU Der Kakao

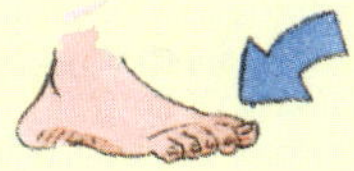

A Die Zehen

EI Die Muskeln

Wenn man sich den  im Laufen gegenseitig zuspielt, heißt das:

S küssen

N passen

M pissen

Die Buchstaben neben den richtigen Antworten ergeben ein Lösungswort.
Es verrät dir, wo David Fußball spielt:

Im __ __ __ __ __ __ !

Das erste Spiel

Am Sonntag ist das erste Spiel
gegen einen anderen Verein.
David packt schon am Samstag
alle Sachen ein:
seine Hose, das Trikot, Stutzen
und natürlich seine Fußballschuhe.
Der Trainer hat gesagt:
„Wer ohne Schuhe kommt,
kann sich das Spiel
von der Bank aus ansehen."
Da klingelt Michi.
„Kommst du? Wir trainieren noch mal
bei mir im Garten."

David angelt sich schnell seine Schuhe
aus dem Rucksack
und rennt hinter Michi her.
Den ganzen Nachmittag üben sie
im Garten Torschüsse.

Abends darf David bei Michi essen.
Es gibt Pizza, sein Lieblingsessen.
Die dreckigen Fußballschuhe
ziehen die Jungen natürlich aus.
David stellt sie vor die Tür.

Der nächste Tag ist der Sonntag.
David kann beim Frühstück kaum
etwas essen.
Er fährt mit dem Bus zum Fußballplatz.
Marc hat bei seinem Freund geschlafen.
Er hat David fest versprochen,
dass er kommt und ihn anfeuert.
Die Mannschaft trifft sich in der Kabine.
David zieht sein Trikot an.
Er hat die Nummer Vier auf dem Rücken.

David ist fast fertig angezogen,
da bekommt er einen riesigen Schreck:
Seine Fußballschuhe sind weg!
Er räumt seinen ganzen Rucksack aus.
Wo sind die Schuhe?
Da fällt es David ein:
Sie stehen bei Michi im Garten!
Ohne Fußballschuhe darf David
nicht mitspielen.
Was soll er nur tun?
Da kommt Marc mit dem Fahrrad.
Als er hört, was passiert ist, sagt er:
„Ich bin so schnell wie die Feuerwehr!“,
und radelt wie ein Wilder davon.

Leserätsel

Was braucht David unbedingt für sein erstes Spiel?

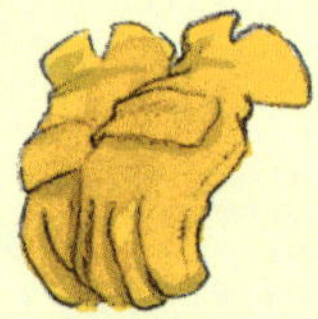

- S Seine Armbanduhr
- T Seine Handschuhe
- D Seine Fußballschuhe

Wo hat David die Fußballschuhe vergessen?

- A Im Rucksack
- R Im Garten
- O Im Eimer

Was zieht David an?

AU Eine Badehose

EI Ein Trikot

EU Einen Pullover

Wenn du bis hierhin alles richtig hast, ergibt sich ein Lösungswort:

__ __ __ __

Welche Nummer hat Davids Trikot?

__ __ __ __

Zähle die beiden Lösungswörter zusammen. Dann weißt du, wie alt David geworden ist:

____ + ____ = ____ Jahre alt!

Tor!

David wartet ungeduldig,
bis Marc wiederkommt.
Das Spiel hat schon angefangen.
David sitzt auf der Ersatzbank
und schaut zu.
Da endlich kommt Marc!
Er ist ganz aus der Puste.

Aber er hat die Schuhe in der Hand.
„So ein Bruder ist echt spitze!“,
denkt David.
Schnell zieht er seine Fußballschuhe an.
Sofort wechselt ihn der Trainer ein.
Michi hat gerade einem Gegner
den Ball abgenommen.

Er dribbelt ihn in Richtung Tor.
„Abgeben, Michi!“, ruft Sebastian.
David ist mit nach vorne gelaufen.
In seinen Fußballschuhen
fliegt er über den Platz.
Und zwar so schnell wie eine Rakete.
Michi kickt den Ball in seine Richtung.
Plötzlich ist das Tor genau vor David.
David zielt und schießt.

„TOOOR!“

Er hat das erste Tor für seine Mannschaft geschossen!

„Toll gemacht, David!“

Infoseite

Und so kann die Aufstellung

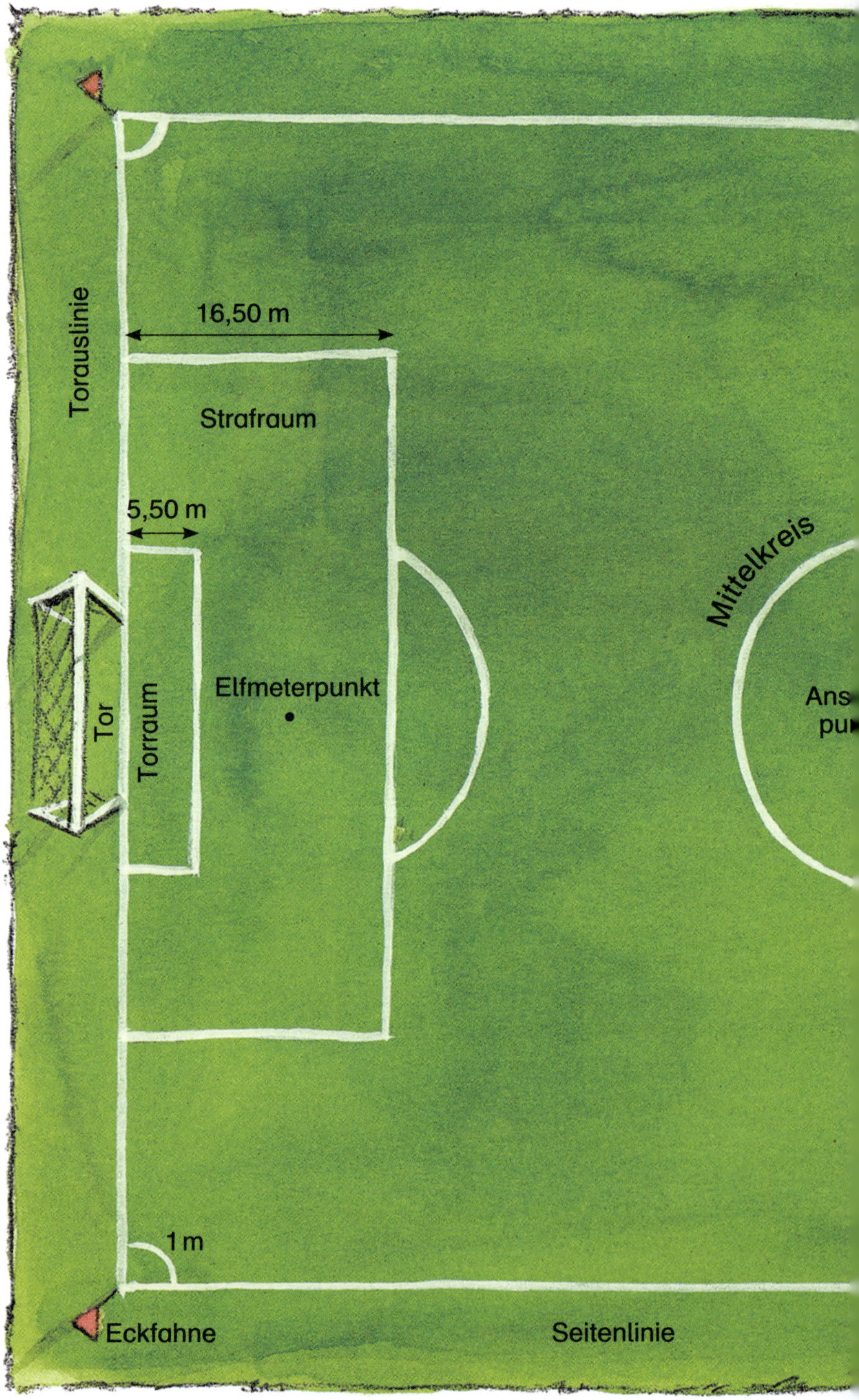

beim Fußball aussehen.

Lösungen

S. 16/17:

Davids Fußballschuhe sind schwarz und weiß.
Das Laufen mit dem Ball heißt dribbeln.
Davids Freund heißt Michi.
Die Muskeln müssen warm werden.
Wenn man sich den Ball im Laufen gegenseitig zuspielt, heißt das passen.
Lösungswort: VEREIN

S. 24/25:

Für sein erstes Spiel braucht David seine Fußballschuhe.
Er hat sie im Garten vergessen.
David zieht ein Trikot an.
Lösungswort: DREI
Davids Trikot hat die Nummer Vier.
David ist 7 Jahre alt geworden.

David im Fußballcamp

Eine Geschichte von Imke Rudel
mit Bildern von Jan Birck

Willkommen im Fußballcamp!

David freut sich riesig.
Mit seinem Freund Michi nimmt er
an einem Fußballcamp teil.
Der Trainer begrüßt die Jungen:
„Hallo! Ich bin Paul.
Wir werden in der nächsten Woche
zusammen Fußball spielen.

Und bestimmt viel Spaß dabei haben!
Morgens und nachmittags
gibt es jeweils ein Training."
„Wie langweilig!", sagt ein Junge.
„Machen wir gar keine richtigen Spiele?"
„Natürlich, Alex", beruhigt ihn Paul.
„Jeden Tag gibt es ein Spiel
gegen eine andere Mannschaft."

„Wir spielen aber nicht nur Fußball.
Im Camp gibt es einen Tischdienst
und einen Wäschedienst.
Jeder ist mal an der Reihe“,
sagt Paul.
„Das ist aber doof“, meckert Alex.
„Ich will hier Fußball spielen
und keine Wäsche waschen!“

„Für die Spiele braucht jeder Spieler
ein sauberes Trikot.
Und Arbeit für die Mannschaft
gehört zum Camp dazu."
Damit beendet Paul das Thema
und verteilt die Zimmer.
Michi stößt David an:
„Zum Glück schläft dieser Blödmann
nicht bei uns im Zimmer!"

Am Nachmittag ist das erste Training.
Es werden Freistöße geübt.
Drei Jungen bilden eine Mauer.
Ein Spieler soll versuchen,
über die Mauer zu schießen.
„So macht man das!“, schreit Alex
und schnappt sich den Ball.

Er nimmt Anlauf und haut den Ball
mit Karacho mitten in die Mauer.
„Alter Angeber“, murmelt David
und reibt sich den Arm.
Danach ist Michi an der Reihe.
Mit einem tollen Heber
schießt er den Ball über die Mauer.
Mitten ins Tor!

Leserätsel

Was ist richtig? Kreuze an!

Jeder im Fußballcamp muss einmal

T Wäsche waschen.

R Socken stopfen.

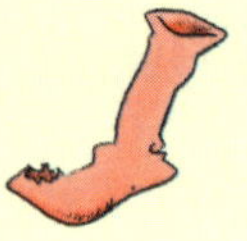

O Füße waschen.

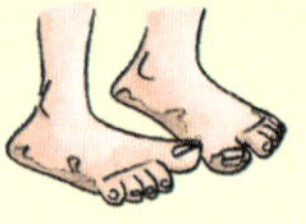

C Trikots bügeln.

Der Angeber heißt

A Paul.

O Alex.

T David.

E Axel.

Michi schießt den Ball

M in die Mauer.

R über die Mauer.

T über das Tor.

O neben das Tor.

Die Buchstaben neben den richtigen Antworten ergeben ein Lösungswort:

__ __ __

Im ersten Training werden Freistöße geübt.
Was bilden die Jungen dafür?
Bringe die Bälle in die richtige Reihenfolge!

Eine __ __ __ __ __ .

Fußball ist ein Mannschaftssport

Abends gibt es eine Teamkonferenz.
Paul erklärt: „Hier darf jeder sagen,
was ihm gut oder nicht so gut gefallen hat.
Und wir wählen den Spieler des Tages.
Ich schlage Michi vor.
Sein Freistoß war klasse.
Wer dafür ist, hebt die Hand.“

Viele Hände gehen in die Luft
und Michi strahlt.
David freut sich auch.
Vor allem, als er das Gesicht
von Alex sieht:
Es sieht aus, als ob er
in eine Zitrone gebissen hätte.
Bestimmt wäre Alex gern selbst
Spieler des Tages geworden.

„Heute machen wir Fliegertraining“,
erklärt Paul am nächsten Tag.
„Ich zeige euch einen Fallrückzieher.“
Paul stellt sich mit dem Rücken
zum Tor auf.
Dann kickt er den Ball in die Luft,
wirft sich nach hinten und trifft
den Ball im Fallen. Tor!

Alex schnappt sich als Erster den Ball
und beginnt zu üben.
Es ist ziemlich schwer,
den Ball in der Luft zu treffen.
„Noch zwei Mal, Alex,
und dann gibst du den Ball bitte
an David ab“, sagt Paul schließlich.
Aber Alex denkt gar nicht daran.
Er macht einfach weiter.

David ist stinksauer auf Alex.
„Dieser Idiot denkt nur an sich!“,
beschwert er sich bei Michi.
„Ob der noch mal kapiert,
dass Fußball ein Mannschaftssport ist?“

Am Nachmittag ist das Spiel
gegen die Großen vom Nachbarplatz.
Davids Mannschaft hält sich super.
Momentan steht es unentschieden
und es sind nur noch
wenige Minuten zu spielen.
David dribbelt mit dem Ball nach vorn.
Jetzt muss er flanken.
Michi und Alex stehen beide bereit.

Leserätsel

Was ist richtig? Kreuze an!

Michi wird

- T Spüler des Tages.
- D Spieler des Abends.
- O Spiegel des Morgens.
- E Spieler des Tages.

Beim Fliegertraining üben die Jungen

- E Schwalben zu machen.
- A vom Platz zu fliegen.
- L Fallrückzieher.
- V Trikotweitwurf.

Welches Bild zeigt einen Fallrückzieher?

P

F

A

M

Die Buchstaben neben den richtigen Antworten ergeben ein anderes Wort für eine Fußballmannschaft: __ __ __

Wer wird Spieler des Tages?

Natürlich will David lieber
zu Michi schießen.
Im letzten Moment sieht er,
dass ein Gegner Michi deckt.
David gibt sich einen Ruck und
schießt eine tolle Flanke zu Alex.
Der hält nur noch den Fuß hin
und verlängert den Ball ins Tor.
Davids Mannschaft hat gewonnen!

Nach dem Abendessen
ist wieder Teamkonferenz.
Am besten hat heute
allen das spannende Spiel
gegen die Großen gefallen.
„Hat jemand einen Vorschlag
für den Spieler des Tages?“,
fragt Paul.

„Eigentlich sollten wir Alex vorschlagen“, flüstert David Michi zu. „Er hat das entscheidende Tor geschossen.“
Aber da ruft Alex schon:
„Ich schlage David vor.
Ohne seine geniale Vorlage hätte ich das Tor nicht schießen können.“

Alle Jungen strecken
ihre Hände in die Luft.
David wird knallrot vor Freude.
Paul klopft beiden Jungen
auf die Schultern und sagt:
„Herzlichen Glückwunsch!
Ihr zwei seid wirklich ein tolles Team!“

Infoseite
Was nimmst du mit ins Fußballcamp?

Schienbeinschoner
und Stutzen

Einen Freund, der genauso
gern Fußball spielt wie du

Eine große Sporttasche,
in die alles hineinpasst

Trainingskleidung und
Fußballschuhe

Eine Taschenlampe für die
nächtliche Taktikbesprechun

Einen Müsli- oder Energieriegel,
wenn dich die Kräfte verlassen

Trikot und Hose

Deinen Lieblingsteddy, falls dich
ein Heimwehanfall überkommt

Ein Comic-Heft für
Freistunden

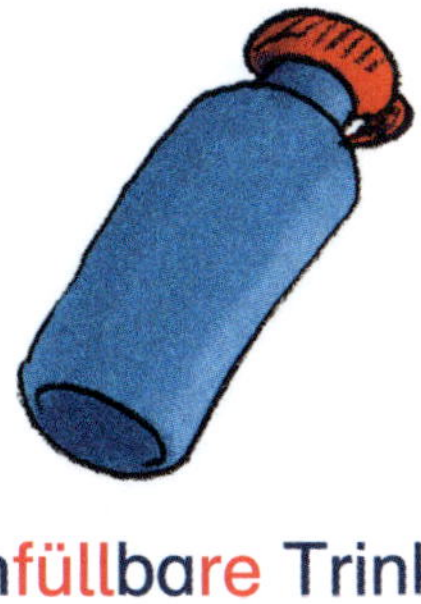

Eine nachfüllbare Trinkflasche,
damit du nicht verdurstest

Lösungen

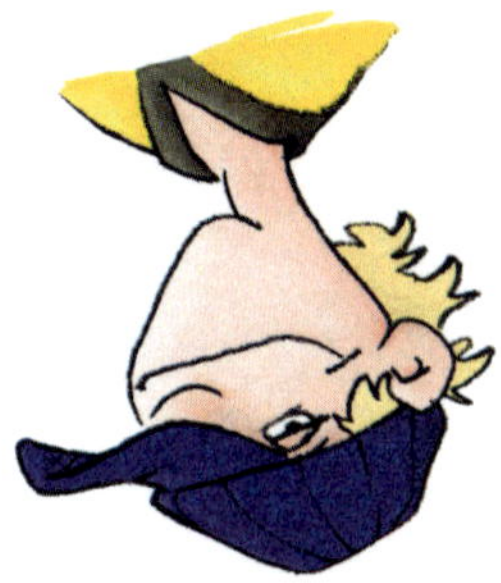

S. 42/43:

Jeder im Fußballcamp muss
einmal Wäsche waschen.
Der Angeber heißt Alex.
Michi schießt den Ball über die Mauer.
Lösungswort: TOR
Die Jungen bilden eine MAUER.

S. 50/51:

Michi wird Spieler des Tages.
Beim Fliegertraining üben die Jungen Fallrückzieher.
Dieses Bild zeigt einen Fallrückzieher:

F

ELF ist ein anderes Wort für eine
Fußballmannschaft.

Moritz rettet den Fußball

Eine Geschichte von Petra Wiese
mit Bildern von Dorothea Tust

Fußball im Garten

Anton und Moritz sind Brüder.

Sie machen alles zusammen.

Am liebsten spielen sie Fußball.

Nach dem Mittagessen flitzen sie

in den Garten.

Zwei Besen sind das Tor.

Anton ist Torwart.

„Den hältst du nie!“, ruft Moritz.
Er nimmt Anlauf und kickt.
Der Ball fliegt in hohem Bogen
über den Rasen.
Anton springt hoch,
aber er fängt den Ball nicht.
Der Ball fliegt über den Zaun
und landet im Garten
von Herrn Krone.

„Oh nein!“, ruft Moritz.
Anton stampft mit dem Fuß.
„Du Pfeife!“, sagt er.
„Hol den Ball zurück.“

„Wieso ich?“, fragt Moritz.
„Du stehst doch im Tor!“
„Aber du hast geschossen!“,
sagt Anton.
„Also holst du ihn zurück!“
Moritz sagt nichts.
„Du musst bei Herrn Krone klingeln“,
sagt Anton.
„Niemals“, sagt Moritz.
„Der guckt immer so brummig.“

Leserätsel

Was stimmt?

B Anton und Moritz sind Brüder.

F Anton und Moritz sind Freunde.

E Anton und Moritz sind Schwestern.

Was spielen Moritz und Anton am liebsten?

C Handball

J Opernball

A Fußball

Womit bauen sie das Tor?

G Mit Dosen

L Mit Besen

O Mit Vasen

Wem gehört der Garten nebenan?

Z Herrn Ohne 

S Herrn Bohne 

L Herrn Krone 

Die Buchstaben neben den richtigen Antworten ergeben ein Lösungswort:

____ ____ ____ ____

Wer klingelt?

„Du weißt doch, wie Frau Stein uns zur Schnecke gemacht hat“, sagt Moritz.

Gestern landete der Ball im Garten von Frau Stein.

Anton und Moritz klingelten an ihrer Tür.

Frau Stein kreischte wie eine Hexe,
nachdem sie die Tür geöffnet hatte.
Denn Anton und Moritz hatten sie
beim Mittagsschlaf gestört.
Moritz bekommt eine Gänsehaut,
als er daran denkt.
„Ich traue mich nicht, bei Herrn Krone
zu klingeln“, sagt Moritz.
„Vielleicht macht er auch
einen Mittagsschlaf?“

„Sei kein Frosch“, sagt Anton.
„Geh schon!“
„Ich geh nicht!“, sagt Moritz.
„Du Flasche!“, sagt Anton.
Moritz wird rot wie eine Tomate.
„Wenn du so mutig bist,
dann klingele doch selbst
an seiner Tür“, sagt er.
Anton steckt die Hände
in die Hosentaschen.

Er traut sich auch nicht,
bei Herrn Krone zu klingeln.
„Also bist du auch eine Flasche!“,
ruft Moritz.
Anton wird rot wie eine Paprika.
„Wir klettern über den Zaun“,
meint er.
„Das dürfen wir nicht“,
sagt Moritz.
Ihr Vater hat es verboten.
Der Zaun soll nicht kaputtgehen.

Leserätsel

Puzzle die Buchstaben richtig zusammen.

Sie ergeben ein wichtiges Wort beim Fußball: __ __ __

Wer wird rot wie eine Tomate?

N Anton

M Moritz

Was dürfen Anton und Moritz nicht?

U Über den Zaun klettern

O Über den Baum schmettern

Wer wird rot wie eine Paprika?

W Frau Stein

T Anton

Die Buchstaben neben den richtigen Antworten ergeben ein Lösungswort:

__ __ __

Ergänze die fehlenden Buchstaben.

In den farbigen Feldern ergibt sich ein Lösungswort: __ __ __ __ __ __

Auch das noch!

„Lieber Ärger mit Papa
als mit Herrn Krone“, sagt Anton.
Er klettert über den Zaun.
Plötzlich biegt ein Hund um die Ecke.
Wie ein Blitz rast er auf Anton zu.
Dabei bellt er laut.
Schnell klettert Anton auf einen Baum.
Sein Herz klopft wild.
Auch Moritz bekommt einen Schreck.

„Mach die Fliege!“,
ruft Anton.
Der Hund hört auf zu bellen.
Aber er geht nicht weg,
sondern schnüffelt am Fußball.
Aus Antons Augen schießen
zornige Blitze.
„Blöder Hund!“, schimpft er.
Der Hund ist zwar klein,
aber Anton traut sich nicht herunter.
Moritz wundert sich.
Seit wann hat Herr Krone einen Hund?

„Hilf mir!“, ruft Anton vom Baum herunter.
Moritz geht neben dem Zaun
auf und ab.
„Mach schon!“, sagt Anton.
„Ich will nicht ewig
in diesem Baum hocken!“
Moritz möchte Anton helfen. Aber wie?
Der Hund legt sich neben den Ball.
„Verschwinde!“, ruft Moritz.
Aber der Hund steht nicht auf.
„Du musst bei Herrn Krone klingeln!“,
ruft Anton. Moritz stöhnt.

Langsam wie eine Schnecke
geht er los.
Sein Herz pocht, als er
vor der Tür steht.
Sein Finger zittert, als er
auf die Klingel drückt.
Herr Krone öffnet die Tür.
„Hallo“, brummt er.
„Was ist denn los?“
Moritz erzählt ihm, was passiert ist.
Herr Krone lacht.
Er sieht gar nicht mehr brummig aus.
Plötzlich findet Moritz ihn sogar sehr nett.
Und da muss Moritz auch lachen.

„Komm mit“, sagt Herr Krone.
„Wir retten Anton und den Fußball.“
Moritz zögert.
„Ist Ihr Hund gefährlich?“,
fragt er.
„Nein“, sagt Herr Krone.
„Baldo ist wild, weil er jung ist.
Er kann sogar Fußball spielen!“
„Niemals!“, sagt Moritz
und geht mit Herrn Krone
in den Garten.

Der Hund läuft ihnen entgegen.
Dabei wedelt er mit dem Schwanz.
Moritz streichelt Baldo.
„Anton, komm runter“, ruft Moritz.
„Der Hund ist ganz lieb.“
Er kichert.
„Und Herr Krone auch.“
Anton klettert vom Baum herunter.
Und dann spielen sie zusammen Fußball!
Baldo steht im Tor und
lässt keinen Ball durch.

Infoseite
Mut und Angst

Mut und Angst sind Gefühle. Wenn sich jemand mutig fühlt, dann hat er keine Angst davor, etwas zu tun. Jeder möchte gern mutig sein und keine Angst haben.
Aber manchmal ist es wichtig, dass man Angst bekommt. Sonst wird man übermütig und bringt sich in gefährliche Situationen. Beide Gefühle sind also sehr wichtig.
In unserer Sprache drückt man diese Gefühle oft mit Sprachbildern aus.

Mutig wie ein Löwe sein

Sich in die Höhle des Löwen wagen

Das Herz eines Löwen haben

Angsthase

Hasenfuß

Hasenherz

S. 66/67:
Anton und Moritz sind Brüder.
Moritz und Anton spielen am liebsten Fußball.
Sie bauen das Tor mit Besen.
Der Garten nebenan gehört Herrn Krone.
Lösungswort: BALL

S. 72/73:
Ein wichtiges Wort beim Fußball: TOR
Moritz wird rot wie eine Tomate.
Anton und Moritz dürfen nicht über den Zaun klettern.
Anton wird rot wie eine Paprika.
Lösungswort: MUT

	F	L	A	S	C	H	E
K	R	O	N	E			
T	O	M	A	T	E		
	S	T	E	I	N		
S	C	H	N	E	C	K	E
	H	E	X	E			

Lösungswort: FROSCH

Lesen lernen mit der Lesemaus

Liebe Eltern,

alle Kinder wollen Lesen lernen. Sie sind von Natur aus wissbegierig. Diese Neugierde Ihres Kindes können Sie nutzen und das Lesenlernen frühzeitig fördern. Denn Lesen ist die Basiskompetenz für alles weitere Lernen. Aber Lesenlernen ist nicht immer einfach. Es ist wie mit dem Fahrradfahren: Man lernt es nur durch Üben – also durch Lesen.

Lesespaß mit Lesepass

Je regelmäßiger Ihr Kind übt, desto schneller und besser wird es das Lesen beherrschen. Eine schöne Motivation kann unser 10-Minuten-Lesepass sein. Das Trainingsprogramm mit Sammelpunkten erfordert nur kurze Leseeinheiten von 10 Minuten. Das Sammeln macht Kindern Spaß und motiviert sie von Anfang an. Den Lesepass finden Sie kostenlos zum Download unter **carlsen.de/lesepass**.

Wie können Sie Ihr Kind beim Lesenlernen unterstützen?

Je positiver Kinder das Lesen erleben, desto motivierter sind sie, es selbst zu lernen. Versuchen Sie, Ihrem Kind ein Vorbild zu sein. Zeigen Sie Ihrem Kind, dass Lesen

und Schreiben zum Alltag gehören. Etablieren Sie gemeinsame Leserituale. So erfährt Ihr Kind: Lesen macht Spaß!
Lesen Sie Ihrem Kind mindestens bis zum Ende der Grundschulzeit vor. Auch wenn Ihr Kind zunehmend eigenständig liest, bleibt das Vorlesen ein schönes und sinnvolles Ritual.

Lesen lernen mit der Lesemaus

Jedes Kind lernt unterschiedlich schnell lesen. Orientieren Sie sich bei der Auswahl von Erstlesebüchern daher an den Interessen und Lesefähigkeiten Ihres Kindes. Die Geschichten sollen Ihr Kind fordern, aber nicht überfordern. Die Lesemaus zum Lesenlernen bietet spannende und leicht verständliche Geschichten für Leseanfänger. Altersgerechte Illustrationen helfen, das Gelesene zu verstehen.
Mit lustigen Leserätseln können die Kinder ihre Lernerfolge spielerisch selbst überprüfen. Außerdem gibt es in jedem Band interessante Sachinfos für Jungen und Mädchen.

Ihnen und Ihrem Kind viel Spaß beim Lesen!

Lesen lernen in kleinen Schritten

Der Leselern-Prozess vollzieht sich über längere Zeit und in mehreren Schritten. Genauso differenziert wie dieser Prozess sind die Erstlesebücher mit der Lesemaus. Umfang, Wortschatz, Schriftgröße, Text-Bild-Verhältnis der Geschichten und das Niveau der Leserätsel sind optimal auf die verschiedenen Phasen des Lesenlernens abgestimmt:

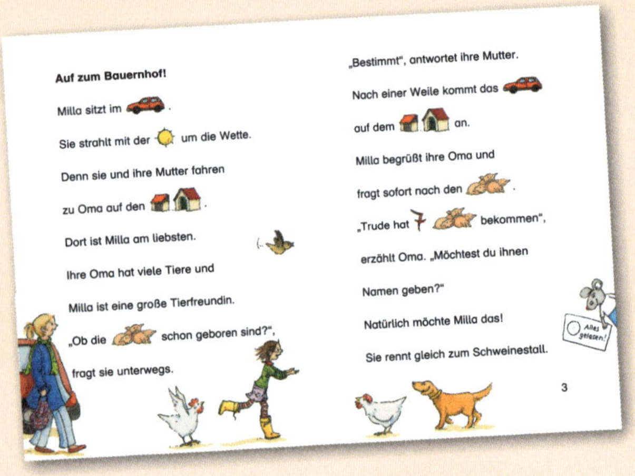

Bild-Wörter-Geschichten – mit Bildern lesen lernen

- Erste Geschichten mit Bildern statt Wörtern für Leseanfänger
- Große Fibelschrift
- Wenig Text, viele farbige Bilder
- Auch ideal zum gemeinsamen Lesen: Das Kind ergänzt das Wort, wenn ein Bild kommt.

Geschichten im Dialog – zu zweit lesen lernen

- Kleine Geschichten zum Vor- und Selberlesen
- Lesen im Dialog – das Erfolgskonzept zum Lesenlernen
- Eltern lesen die linke, Kinder die rechte Seite
- Große Fibelschrift, hoher Bildanteil

Geschichten zum Selberlesen – Lesekompetenz üben und festigen

- Einfache Geschichten für Erstleser, die schon längere Texte lesen können
- Klare Textgliederung in Sinnabschnitte
- Viele farbige Bilder zur Veranschaulichung
- Leserätsel zum Textverständnis

So ein Angeber!
Es ist ein warmer Frühlingstag.
Die Freunde aus der 2a verabreden sich
für den Nachmittag zum Schwimmen.
„Kann ich mitkommen?", fragt Mike.
„Wenn du mit Karla um die Wette
schwimmst?", sagt Anna spöttisch.
„Null Problemo", antwortet Mike.

„Ich wette um eine Tafel Schokolade,
dass Karla gewinnt", sagt Mia.
Karla ist die beste Schwimmerin
der Klasse.
Im Herbst wird sie neun Jahre alt.
Dann will sie das goldene Jugend-
Schwimmabzeichen machen.

10

Extra Lesetraining – vertiefende Methoden zum Lesenlernen

- Spannende Geschichten für Leseanfänger
- Bewährte didaktische Konzepte
- Einfache Sätze, klare Gliederung
- Leserätsel zur Erfolgskontrolle

Silbenmethode

Marie liest mit der Nase!
Maries Klasse plant eine Lesenacht.
Die Schüler wollen Geschichten hören
und im Klassenzimmer übernachten.
„Aber ich kann nicht die ganze Nacht
vorlesen. Ihr seid auch mal dran",
sagt Herr Baum, der Lehrer.
„Und damit das Vorlesen gut klappt,
üben wir jetzt noch mal!"
Maries Freund Leon ist als Erster dran.

36

Leon liest wunderbar vor.
Dann kommt Finn an die Reihe.
Schließlich landet das Buch bei Marie.
Da lacht Jaro: „Marie liest ja
mit der Nase!"
„Die Schrift ist eben zu undeutlich!",
sagt Marie wütend.

37

Michi und Boris haben alles beobachtet.
Sie sehen, wie die Mädchen weglaufen und
wie Duschka über das Seil zurückkommt.
„Das möchte ich auch können", flüstert Michi.
Sie folgen Duschka bis zu einem Platz am
Ortsrand. Da stehen mehrere Wohnwagen
um einen weißen Laster herum.
Auf den Laster ist ein großes Bild gemalt.
„Ach so!", sagt Michi, als er das Bild sieht.
„Jetzt versteh ich!"

74

Als Michi am nächsten Morgen in die
Schule kommt, stehen die Schüler aufgeregt
auf dem Hof. Alle freuen sich, nur die drei
Detektivinnen schauen grimmig.
„Was ist denn?", fragt Michi.
„Sie sind hier bei uns auf dem Schulhof!",
ruft Boris. „Schau, da ist sie!"
Vor lauter Leuten hat Michi Duschka gar
nicht gesehen. Sie trägt ein buntes Trikot
und ein Faltenröckchen. Sie steht mit einem
großen Mann vor dem weißen Laster und
strahlt vor Stolz und Freude.

Vereinfachte Ausgangsschrift

Einfach tolle

3 Geschichten
96 Seiten
€(D) 5,- / €(A) 5,20

Drei spannende Geschichten für Leseanfängerinnen. Alle Wörter sind in farbigen Silben markiert. Diese kurzen Buchstabengruppen können Leseanfängerinnen schneller erfassen als das ganze Wort.

FSC
www.fsc.org
MIX
Papier aus verantwortungsvollen Quellen
FSC® C002795

Die **LESEMAUS** ist eine eingetragene Marke des Carlsen Verlags.

Sonderausgabe im Sammelband

ISBN: 978-3-551-06644-2

Illustration der Lesemaus: Hildegard Müller
Umschlagillustration: Jan Birck
Illustrationen Vorsatzpapier: Dorothea Tust
Umschlagkonzeption: Gunta Lauck
Lesemaus-Redaktion: Anja Kunle, Constanze Steindamm
Lektorat: Steffi Korda, Büro für Kinder- & Erwachsenenliteratur
Redaktion: Constanze Steindamm
Gestaltung und Satz: Karin Kröll
Lithografie: Reprotechnik Ronald Fromme, Hamburg

Ein Tor für David

David im Fußballcamp

Moritz rettet den Fußball